A LA MÉMOIRE

DE

M. TH. HOMBERG

NÉ AU HAVRE, LE 4 MAI 1802

DÉCÉDÉ A ROUEN LE 28 NOVEMBRE 1885

CONSEILLER HONORAIRE

A LA COUR D'APPEL DE ROUEN

DOYEN DE L'ACADÉMIE DE ROUEN

PRÉSIDENT HONORAIRE DE L'ÉMULATION CHRÉTIENNE

DE ROUEN

PRÉSIDENT DE L'ŒUVRE DU REFUGE DE GRAND-QUEVILLY

POUR LES PETITS DÉSHÉRITÉS

DISCOURS

PRONONCÉS LE 1er DÉCEMBRE 1885

SUR LA TOMBE DE

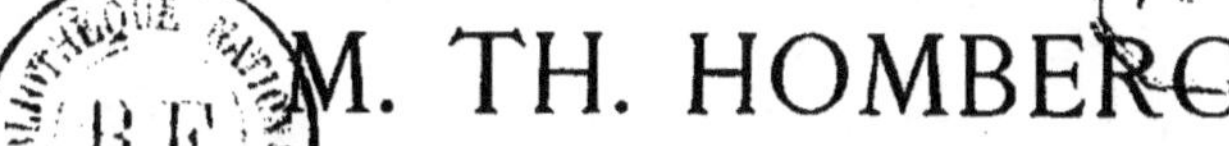

M. TH. HOMBERG

Président de

L'ŒUVRE DU REFUGE DU GRAND-QUEVILLY

pour

LES PETITS DESHÉRITÉS

PAR

MM. LES CONSEILLERS FÉLIX ET PELLECAT

ET PAR M. VERMONT, AVOCAT

ROUEN

IMPRIMERIE DE ESPÉRANCE CAGNIARD

rue Jeanne-Darc, 88

—

1886

DISCOURS DE M. FÉLIX

CONSEILLER A LA COUR D'APPEL

SECRÉTAIRE DE L'ACADÉMIE DE ROUEN

MESSIEURS,

Q UAND s'éteint une existence qui a dépassé les limites que Dieu assigne le plus souvent à la vie humaine, les regrets des survivants semblent s'atténuer et leur douleur se payer d'une plus calme résignation. D'autres sentiments dominent ceux qui viennent aujourd'hui adresser un dernier salut à la dépouille mortelle du vieillard vénéré dont nous déplorons la perte ; c'est, en effet, que les jours départis par la Providence à l'homme de bien ne sont jamais assez longs, puisqu'il les consacre à la pratique du devoir sous ses formes les plus diverses : au respect

de la religion, à l'amour de la patrie et de la famille, au dévouement envers ses semblables, et qu'il peut, en rendant au juge suprême le compte de ses bonnes actions, les résumer par le mot historique, dont cette fois le sens se relève à la hauteur d'une vérité morale : « J'ai vécu ! » c'est-à-dire, conformément aux vues de celui qui m'a créé à cette fin de me rendre utile à tous, j'ai dépensé mes forces et mon temps au service de ceux qui m'entouraient, sévère à moi-même, doux à ceux qui souffrent, patient et indulgent pour ceux qui, tombés dans le chemin journalier que nous parcourons, ont besoin d'un bras qui les aide à se relever, et consacrant mon dévouement désintéressé à soutenir le faible, à consoler l'infortune, à prodiguer au pauvre le pain du corps et de l'âme, à inspirer à ceux qui sont déchus le courage et le désir de la réhabilitation, à me rendre meilleur en améliorant les autres.

L'exposé d'une vie si bien remplie ne sera pas taxé d'inexactitude par ceux à qui il a été donné de connaître et, par suite, d'aimer M. Homberg. La modestie qui sied à la vertu, la discrétion qui s'impose à la générosité n'ont pas eu de voiles assez épais pour que la reconnaissance n'ait pénétré le secret dont la réserve du bienfaiteur cherchait à couvrir ses bienfaits, et l'on peut affirmer qu'il n'est pas, en cette ville, une œuvre servant au développement moral ou au soulagement physique de l'humanité dont il n'ait été l'appui, le patron ou l'instigateur.

A ce zèle ardent et aux occupations multiples qu'il engendrait, M. Homberg avait su trouver des distractions dans l'amour et la culture des lettres. Avocat ou magistrat, il se sentait porté par ses goûts et l'activité de son intelligence à ne pas restreindre le champ de ses études aux limites exclusives du labeur professionnel, et, suivant une tradition à laquelle le Palais est heureusement resté fidèle, dès 1837 il entrait à l'Académie des Sciences, Belles-Lettres et Arts de Rouen, dont il est devenu le doyen, et où il a marqué sa place et assuré la durée de sa mémoire par d'intéressantes communications : tantôt il empruntait à des récits intimes la connaissance d'épisodes ignorés, comme ce passage à Provins, en 1814, de Napoléon Ier, démasquant son incognito à son hôtesse et lui faisant des confidences répétées au substitut que, plus tard, la Restauration envoyait au tribunal de la petite ville ; tantôt il nous introduisait dans la Chambre des Pairs, où il avait assisté Me Hennequin, défenseur d'un des ministres de Charles X, et nous rappelait ces luttes mémorables de l'éloquence avec un enthousiasme demeuré juvénile.

Mais M. Homberg s'est laissé tenter par des sujets d'un ordre plus élevé, et il n'a pas reculé devant l'examen des problèmes philosophiques et sociaux qui attendent encore une solution incontestée, soit qu'il ait discuté la théorie du positivisme, soit qu'il ait cherché à concilier les textes bibliques avec les découvertes de la science moderne. Dans la marche de cet esprit toujours en éveil, un trait cependant est à noter, qui semble unir son intelligence et sa sensibilité dans la même recherche, je veux dire la tendance constante à la protection du faible : c'est le régime dotal, sauvegarde de la femme, dont les difficultés font l'objet des études du jurisconsulte ; c'est surtout le vagabondage, avec ses tentations dangereuses, que le penseur songe à prévenir. Conçu par un esprit aussi passionné pour le bien, ce dernier projet devait, de la spéculation, passer rapidement dans la pratique et donner naissance, après des essais réitérés et malgré des obstacles dont une persévérance obstinée a fini par triompher, à la fondation d'une institution où, moins qu'ailleurs, s'il est possible, le nom du philanthrope éclairé qui en a poursuivi l'établissement ne demeurera oublié.

Placé pendant de longues années à la tête de la commission de surveillance des prisons, où celui qui vous parle a été le confident et le témoin de ses nobles préoccupations, touché du sort qui attendait les libérés à l'expiration de la peine qu'ils subissaient, M. Homberg avait eu la pensée de créer et l'honneur de constituer la société de patronage qui leur fournit, avec du travail, la facilité de la régénération. Dans ces natures corrompues, le repentir, cependant, s'il pénètre quelquefois, se maintient rarement ; l'enfance innocente, mais abandonnée ou exposée à de malsaines excita-

tions, présente des éléments plus accessibles à la moralisation. Aucun sacrifice n'a coûté à notre confrère
pour cette œuvre nouvelle : il a osé, il a réussi, heureux de voir sa pensée avoir pris un corps, satisfait du
légitime succès que le refuge du Grand-Quevilly avait
conquis et certain de la continuité de ces résultats favorables, grâce aux collaborations dévouées qui lui prêtaient leur concours.

Ce que cette ébauche imparfaite d'une entreprise
délicate est devenue ; ce qu'a produit le terrain qu'il a
péniblement défriché ; comment, par ses efforts, la
petite maison, devant laquelle son cercueil passait il
n'y a qu'un instant, a été remplacée par l'installation
agricole que vous connaissez ; quel a été l'ouvrier
énergique et infatigable de cette transformation progressive, c'est à celui qui l'a secondé assidument qu'il
appartient de le constater : je me contente de l'indiquer et de prouver ainsi une fois de plus qu'en élevant
l'esprit, le culte des lettres féconde les plus nobles
inspirations de l'homme.

M. Homberg l'a témoigné par tous ses actes, pou-

vant adopter cette devise, à laquelle il n'a jamais
failli : Travail et charité. Sous la robe de l'avocat ou
du magistrat, pendant plus d'un demi-siècle, il a
rendu des services qui n'ont obtenu d'autre distinction
(elle lui suffisait) que la satisfaction de sa conscience,
l'estime du barreau, de ses collègues et des justi-
ciables. Nous savons quel était le chef de famille, le
patriarche, comme l'appelait son contemporain, notre
confrère M. le baron Charles Richard, et ceux qui
l'ont vu au milieu des enfants et petits-enfants grou-
pés autour du foyer qu'ils égayaient, comprennent
par l'amour qu'il inspirait le chagrin causé par sa
mort. Dans notre Compagnie, qui ne se rappelle cette
aménité affectueuse, et qui ne professait respect et
sympathie pour cet octogénaire aimable dont le cœur
et la main étaient toujours ouverts ? La fermeté de ses
convictions était tempérée par la modération qu'il
apportait à les exprimer, et, s'il n'hésitait pas à affirmer hautement des croyances auxquelles il était pro-
fondément attaché, l'impartialité du représentant ici
d'une minorité religieuse l'autorise à proclamer que

chez personne il n'a rencontré une plus large tolérance.

De telles qualités, une existence aussi utile, ne s'anéantissent pas sans laisser un grand vide au sein d'une Compagnie dont elles faisaient l'honneur, et la mémoire de celui auquel je rends, au nom de l'Académie, un suprême hommage, ne périra point parmi nous. Recevez-en, cher et vénéré confrère, le témoignage respectueusement ému, et, des régions supérieures, où votre belle âme obtient de la justice divine la récompense méritée, qu'elle nous guide dans la voie où vos exemples ont tracé leur lumineux sillon, et qu'elle nous permette ainsi d'aspirer à la retrouver dans la patrie céleste et éternelle, en lui exprimant ce souhait consolateur et fortifiant dicté par la foi et l'espérance : Au revoir !

DISCOURS DE M. PELLECAT

CONSEILLER A LA COUR D'APPEL

TRÉSORIER DE L'ŒUVRE DU REFUGE DE GRAND-QUEVILLY

MESSIEURS,

LA douleur profonde qui nous entoure, et que nous partageons tous, contient le plus éloquent éloge de la vie du vieillard vénéré auquel nous rendons les derniers devoirs.

Cette douleur vous dit, Messieurs, que M. Homberg avait une qualité dominante qui était le trait le plus personnel de son caractère : il était bon, absolument bon, et il l'était avec cette chaleur de cœur, cette délicatesse de sentiment, cette distinction d'esprit qui donnaient tant de charme à ses relations, tant de prix à ses bienfaits.

Il m'appartient peut-être, Messieurs, de vous parler des différentes époques de sa vie ; je puis le faire au moins en connaissance de cause.

Il y a maintenant plus de trente années que des devoirs communs nous réunissaient. Il était alors le président du tribunal de Bernay, et j'étais à même, comme procureur impérial, de juger le magistrat, et cet homme éminent qui, il y a quelques jours à peine, commençait encore sa journée de travail en toute saison avant six heures du matin, n'avait de repos, je vous l'assure, Messieurs, que quand il avait rempli tous les devoirs de sa fonction avec la plus scrupuleuse conscience, avec l'étude la plus intelligente et la plus éclairée par la science du droit ; c'est ainsi qu'entouré d'amitié, d'estime et de respect, il a passé sept années auprès de ce tribunal. Devenu conseiller à notre Cour en 1857, il a mis au service de la justice les mêmes qualités, et en 1872, quand la limite d'âge l'a séparé judiciairement de nous, nous avons tous été heureux de pouvoir lui continuer notre profonde affection.

Je n'ose pas en ce moment, Messieurs, voir M. Homberg au milieu de sa famille ; mes paroles, si courtes qu'elles soient, causeraient une trop légitime douleur qu'il me faut respecter. Qu'il me soit seulement permis de dire combien il apportait de charme, de sollicitude, de tendresse et de dévouement dans ce milieu élevé, distingué, qui était sa famille.

Laissez-moi voir au plus vite, dans M. Homberg, le père de nos enfants. Il y a encore dans cette œuvre, qui fut la sienne dès l'origine, un trait de son cœur, qui ne comptait ni avec les difficultés, ni avec les sacrifices. Rien n'était plus attachant pour lui, comme pour nous tous, Messieurs, que la direction nécessaire, indispensable, qu'il convenait de donner à des enfants malheureux comme ceux que notre œuvre recueille. M. Homberg a eu le premier la pensée généreuse de s'en occuper, et notre ville lui doit le refuge du Grand-Quevilly, aujourd'hui si solidement établi parce qu'il est si bien administré. Je vois encore cet excellent et

regretté collègue, qui était depuis la fondation de
l'œuvre le président de notre Comité, je le vois, il
y a moins de quinze jours, au milieu des enfants, les
embrassant et leur parlant avec bonté ; il est vrai
qu'ils répondaient à sa tendresse, et que plus d'un
aujourd'hui, après avoir veillé et prié auprès de son
cercueil, le pleure comme on pleure un bon père.

Je n'ajoute qu'un mot, Messieurs, bien propre à
adoucir la douleur si cruelle de sa famille, de ses
enfants. M. Homberg n'a pas été seulement pendant
toute sa vie le meilleur des pères et des hommes, il a
été aussi le chrétien le plus convaincu et le plus fidèle,
il a vécu aimant Dieu et pratiquant tous ses devoirs.
Son corps peut bien appartenir pour un temps à la
terre dans laquelle nous avons la douleur de le voir
déposer, mais son âme est au ciel.

DISCOURS DE M. H. VERMONT

AVOCAT

MESSIEURS,

ONSIEUR HOMBERG n'a pas été seule-
ment un magistrat modèle, un litté-
rateur et un philosophe distingué, et
le constant protecteur des faibles et
des abandonnés ; ces triples et studieuses occupations
ne suffirent jamais à son activité ni à l'inépuisable
bonté qui rendait son intérieur si attrayant, ses relations si faciles, et qui, jointes à une foi profonde,
firent de lui le père des malheureux.

On a vu rarement un homme plus sincèrement et

3

plus constamment préoccupé du bien de ses semblables.

Il n'est peut-être pas une Société vraiment utile de
notre cité, si féconde en bonnes œuvres, qui n'ait reçu
ses conseils, profité de son expérience et qui ne puisse
témoigner de ses bienfaits. Plusieurs, et non des moins
utiles, lui doivent leur existence.

Affable autant qu'indépendant, l'esprit toujours en
éveil pour adoucir une misère, seconder un effort,
empêcher une chute, il semblait qu'il fût dans sa
nature d'obliger.

En réalité, ses convictions religieuses lui rappelaient
constamment que c'est un devoir pour le chrétien
d'aimer son semblable, et son cœur toujours jeune
oubliait, pour le faire, la fatigue, la maladie, les
années.

Dès 1858, l'Émulation chrétienne de Rouen eut le
bonheur de le compter parmi ses membres les plus
assidus et les plus dévoués de son Conseil honoraire,
dont il fut nommé vice-président il y a dix-neuf ans.

En cette qualité, il avait pris une part très active et

très dévouée aux travaux de notre Société, à ses
épreuves, à son développement et à sa transformation.

On vient de vous signaler quelle création impor-
tante marqua ses dernières années et fut la nouvelle
preuve d'un dévouement que la vieillesse elle-même
n'avait pu amoindrir.

On me permettra de rappeler avec reconnaissance
que jusqu'à la fin il fut des nôtres, et que l'Émulation
chrétienne resta toujours au premier rang de ses affec-
tions. Il y a huit jours, il était encore au milieu
de nous à Saint-Vivien. Il avait tenu, quoique déjà
très faible, à entendre la messe dite chaque année en
cette église pour l'anniversaire de la fondation de notre
Société. Effort héroïque, imprudent peut-être, car
déjà la mort imminente faisait haleter sa poitrine,
marbrait son visage et agitait péniblement tout son
être.

Mais tant de fois déjà il avait montré qu'une âme
généreuse est maîtresse du corps qu'elle anime que
nous espérions le conserver longtemps encore, avec

cette affection tendre qui le rendait si cher aux siens, avec cette bonté qu'il prodiguait à tous, avec cette confiance facile et joyeuse que l'injustice seule pouvait arrêter, avec cette ardente charité compagne inséparable et naturelle de sa foi, avec cette longue expérience qui s'alliait en lui à une ardeur presque juvénile, avec cette lucidité merveilleuse qu'avaient respecté les années, comme si Dieu, sachant à quel point sa vie était utile, avait voulu que jusqu'au dernier jour elle fût bien remplie.

Ainsi est mort M. Homberg, debout, en s'occupant des autres. Sa mort fut un sommeil, le bon Dieu ayant épargné les angoisses du trépas à celui dont la vie s'était passée à soulager les malheureux.

M. Homberg laisse aux pauvres la reconnaissance de ses bienfaits, aux travailleurs l'utilité de ses conseils, à ses amis l'encouragement de son exemple, à sa famille, qui marcha toujours si noblement sur ses traces, l'honneur et le souvenir d'une vie telle qu'il s'en rencontre peu.

Une commune douleur, une commune admiration

nous rassemblent autour de cette tombe, qui va bientôt renfermer les restes mortels de celui qu'on ne pouvait connaître sans l'aimer.

Heureusement, notre douleur n'est pas sans espérance.

En aimant les pauvres, Monsieur Homberg, c'est Dieu que vous serviez ; c'est lui qui se chargera de vous récompenser.

Adieu ! cher et vénéré Monsieur Homberg, adieu !

IMPRIMÉ A ROUEN

LE VINGT FÉVRIER MIL HUIT CENT QUATRE-VINGT-SIX

PAR

ESPÉRANCE CAGNIARD